UNE HISTOIRE DE MARC-OLIVIER LOUVEAU
ET ANNETTE HALLUM.

CHOC DES CULTURES

Illustrations: Per Illum

TEEN READERS
TR
TEEN READERS

Annette Hallum & Marc-Olivier Louveau:
Choc des cultures
Teen Readers, Niveau 4

Rédacteurs de série :
Ulla Malmmose et Charlotte Bistrup

Maquette de la couverture: Mette Plesner
Photos: Yobro10 /iStock/Thinkstock (g),
ZouZou1/iStock/Thinkstock (dr)

ISBN Danemark 978-87-23-52969-5
www.easyreaders.eu

The CEFR levels stated on the back of the book
are approximate levels.

Easy Readers
EGMONT

Imprimé au Danemark

LES AUTEURS

Annette Hallum est née au bord de la mer en 1966 à Aarhus au Danemark.
Quand elle va à l'université de Copenhague, elle choisit d'étudier le français. Ensuite c'est le départ pour la France où elle s'installe à Montpellier. Là, dans la lumière de la Méditerranée, elle fait des études d'audiovisuel. Trois ans plus tard, on la retrouve à Paris travaillant dans la publicité et le cinéma.
Aujourd'hui elle vit à Saint-Denis et elle aime toujours autant la mer. C'est pourquoi, dès qu'elle le peut, elle part se ressourcer en faisant de la plongée dans les mers chaudes.

Marc-Olivier Louveau est né en Mayenne aux portes de la Bretagne en 1961.
Déjà petit il inventait énormément d'histoires et en racontait beaucoup à ses parents.
A 10 ans, son oncle magicien lui transmet tous les secrets de l'illusion. A 18 ans, l'année du bac, il découvre le théâtre et joue dans plusieurs pièces.
Enfin à Paris, il met son imagination au service de la radio et de la publicité. Il réalise aussi quelques films de publicité et des courts métrages. Aujourd'hui il travaille surtout comme scénariste pour le cinéma, car ce qu'il aime encore et toujours et par-dessus tout, c'est raconter des histoires.

1 Une école pas comme les autres

- Dalida Kechit?
- Présente!
- Sophia Hernandez.
- Présente!

Ça y est, c'est la rentrée des classes!

Cette année je rentre en *seconde* et pour ne pas changer je ne connais absolument personne. Pourtant je devrais être habitué, tous les ans c'est la même chose. Je suis l'éternel nouveau, celui à qui on pose toujours les mêmes questions: D'où tu viens? Où t'habites? Pourquoi *t'es* là?

En plus, cette année, je ne change pas seulement d'école, mais je change *carrément* de planète. Et pas n'importe laquelle: *Saint-Denis.* La pire des banlieues parisiennes. Quand j'ai dit ça aux copains, ils m'ont tous regardé d'un air bizarre en disant: mon pauvre vieux...

La cour du vieux lycée Douanier Rousseau est triste comme un hall de gare. Les murs sont sales, la *peinture écaillée,* et beaucoup de *vitres* sont *brisées.*

- Romain Esténovitch?
- Présent!
- Lamine Makengo.
- Présent!

---

la seconde, première année au lycée
t'es (pop.), tu es
carrément, vraiment
Saint-Denis, grande ville de la banlieue proche de Paris. Ville moderne, constituée à 90% de grands immeubles, de tours, avec tous les problèmes qui s'y rattachent: concentration de gens défavorisés, immigrés de toutes races, chômage, délinquance, drogue, mal de vivre.

un vitre brisé
peinture écaillée
LYCEE DOUANIER ROUSSEAU

Les élèves sont pratiquement tous étrangers. Beaucoup de noirs et d'arabes. Il y a aussi des élèves d'origine portugaise, espagnole, chinoise, vietnamienne, des gens de l'est, des Arméniens, un Russe...

Juste en face de moi se trouve une jeune fille qui porte *le voile* des *musulmans*: le *tchador*. Elle n'est pas la seule d'ailleurs. Et je suis surpris, je croyais que c'était interdit. On en a beaucoup parlé dans les journaux et à la télévision. Une véritable polémique. Ici, j'ai la sensation que le problème ne s'est jamais posé.

La jeune fille sent mon regard et se tourne vers moi. Maintenant c'est elle qui m'observe avec curiosité. Nos regards se croisent et je ne sais pas pourquoi, je lui souris bêtement. Elle tourne la tête, mais quelques secondes après je sens qu'elle me regarde à nouveau.

- Aïcha Doubara? continue le *proviseur*.

- Présente! répond la jeune fille en s'avançant vers lui. Puis elle *rejoint* le groupe d'élèves qui constituent la seconde A 6.

- Pierre Dubois?

- Présent! je dis en prenant mon sac.

En classe, je prends directement une place près de la fenêtre et je *déballe* mes affaires. A ce moment, un sac se pose sur la table. Je lève les yeux: Aïcha, qui a enlevé son tchador, s'installe à côté de moi.

- Elle n'a pas peur celle-là! me dis-je.

---

un voile, un morceau de tissu plus au moins transparent
un musulman, une personne qui croit en Allah
un tchador, un voile qui cache le visage des femmes
un proviseur, le responsable administratif d'un lycée
rejoindre, aller retrouver un groupe
déballer, faire sortir des affaires d'un sac

Le professeur nous demande de nous dépêcher et fait deux ou trois remarques aux *redoublants* qui *chahutent* déjà.

Il nous demande de noter notre nom sur un petit morceau de papier et de le mettre en bout de table. Il fait la même chose sur le tableau vert. Il s'appelle Hervé Latour, il est africain et c'est notre professeur d'histoire-géo.

- Cette année, vous commencez un nouveau *cycle* qui va durer trois ans! Au bout, il y a le baccalauréat... *Aussi,* ne perdez pas de vue qu'il se prépare *dès* cette année! dit-il.

Durant le cours, seule Aïcha prend des notes. Je jette un coup d'œil sur sa copie: elle écrit en arabe. Plutôt compliqué pour *tricher*! Aïcha se retourne vers moi comme si elle devinait mes pensées. Dans ses *prunelles* brillent des petites lumières comme des étoiles. Elle me sourit et recommence à noter.

Du coin de l'œil, j'observe la masse impressionnante de ses cheveux, qui lui donne l'air d'une lionne, et ses *narines* qui palpitent à chacune de ses inspirations comme un animal sauvage.

Ce matin, nous avons vu le *prof* d'anglais et le prof de français: Monsieur Robert Lamarine. Il ressemble à Napoléon III: moustache en pointe et petite *barbichette,* même sa voix et sa façon de parler sont d'une autre époque. Les redoublants ne l'aiment pas. Ils disent qu'en conseil de

---

un redoublant, un élève qui refait une année dans la même classe
chahuter, s'amuser en classe
un cycle, une étape
aussi, ici: donc - *dès,* à partir de
tricher, tromper
une prunelle, une narine, une barbichette, voir illustration page 8
un prof, une prof (fam.), un professeur

Voltaire
Henry Rousseau
une
barbichette

une prunelle
une narine

classe il regarde plus la couleur de ta peau que les notes obtenues durant le trimestre. Il paraît qu'il fait partie du *Front national*. En tous cas, il est plutôt drôle au milieu de tous ses élèves au look rap et techno. Il y en a même qui portent la *djellaba*... On vit vraiment une drôle d'époque.

C'est la *récréation*... Des élèves jouent au football sur le terrain de handball. Ils utilisent un vieux ballon en plastique qui part dans tous les sens et qui fait un bruit *aigu*. Le ballon sort du terrain et roule doucement jusqu'à mes pieds. Je pose mon sac et je *shoote*: but!

Les joueurs sont surpris, moi le premier. L'un d'eux me fait signe de venir jouer avec eux.

- Si t'es aussi fort dans toutes les matières, j'ai bien fait de me mettre à côté de toi.

Je me retourne, c'est Aïcha.

- Je ne l'ai pas fait exprès, je lui réponds.

- Pourquoi tu ne vas pas jouer avec eux, au lieu de rester tout seul?

- Je n'aime pas le *foot*.

- *Eh ben*, si tu l'aimais, qu'est-ce que ce serait!... Et tu viens d'où? continue-t-elle.

- Je suis né à Paris... Et toi?

- A Sidi-Bel-Abbès.

- Où ça?

- C'est en Algérie, *ignorant*!

---

le Front national, mouvement français d'extrême droite
djellaba, blouse longue et ample portée en Afrique du Nord
une récréation, une pause entre deux cours
aigu, ici: une tonalité haute
shooter (fam.), donner un coup de pied dans un ballon
le foot (fam.), le football
eh ben, (pop.) eh bien
un ignorant, une personne qui ne sait rien

Sur le terrain de sport, des cris. Deux garçons *se battent* et roulent sur le sol. Le surveillant les sépare et saisit le ballon.

- Et pourquoi, t'es ici?, dit Aïcha.
- Mon père a été *muté* à Saint-Denis.
- Pas de chance! Et qu'est-ce qu'il fait?
- Euh... Il est *flic.*

J'attends sa réaction. Aïcha ne réagit pas.

Plus loin, le surveillant est en train de courir après un élève qui lui a arraché le ballon des mains.

- Mon père dit qu'ici, il ne va pas *chômer*!
- Tu m'étonnes! me dit-elle.

Je lui raconte que j'habite une maison avec un petit jardin, une *pelouse* et quelques arbres. Au fond du jardin, il y a une petite *cabane* en bois. C'est devenu mon *refuge*, mon chez-moi.

- Tu vas te plaire ici, alors?

Je la regarde dans les yeux.

- Oui..., je crois que oui.

Aïcha baisse la tête. La *sonnerie* de fin de récréation *retentit.* Elle ramasse son sac et me jette un regard noir.

- *T'as* l'air fort aussi pour dire des *âneries*!

---

se battre, se frapper
muter, changer de poste
un flic (pop.), un policier
ne pas chômer, avoir beaucoup de travail
une pelouse, terrain dans un jardin couvert d'une herbe épaisse et courte
une cabane, une petite maison en bois
un refuge, un endroit où on se retire
une sonnerie, un son de cloche
retentir, résonner
t'as (pop.), tu as
une ânerie, une chose idiote

2 Aïcha

Aïcha est en train de devenir ma meilleure amie. Chaque matin je l'attends à l'arrêt de bus et nous parcourons le reste du chemin jusqu'au lycée en marchant et en discutant.

On parle un peu de tout: du film ou de l'émission qu'on a vue à la télévision, du livre qu'on est en train de lire, des profs, de l'avenir, du monde...

Aïcha aime bien rêver. Alors j'*enjolive* toujours un peu mes histoires. Quand je vais trop loin, elle me regarde et éclate de rire. C'est devenu comme un jeu. Il faut que j'invente tout le temps mais que ça reste crédible. Maintenant j'ai plein d'histoires qui me viennent dans la tête. Parfois je me mets à rêver qu'elles sont *publiées*. Je suis un grand écrivain et mes livres se vendent partout comme des petits pains.

Pendant les cours on se met très souvent l'un à côté de l'autre. J'aime bien être avec elle. L'école devient un vrai plaisir. J'ai l'impression qu'on forme une bonne équipe, tous les deux.

C'est bizarre... J'ai déjà eu des bons copains avec qui je passais tout mon temps, mais jamais je n'ai connu ça.

Tous les autres ont déjà compris: Aïcha et moi, on s'aime bien. Les filles nous regardent en *chuchotant* et les garçons éclatent de rire dans notre dos. Ils trouvent ça drôle. Le fils du flic, le *blondinet* aux yeux bleux, c'est-à-dire moi, avec la petite Arabe, aux cheveux et aux yeux noirs.

- T'as pas perdu de temps, me dit Ouzara, l'Algérien. T'as pourtant pas une tête d'arabe...

---

enjoliver, rendre plus jolie
publier, faire paraître un écrit par exemple dans un magazine
chuchoter, parler à voix basse
un blondinet (fam.), un garçon aux cheveux blonds

Pendant la récréation, Aïcha m'apprend que sa mère est morte à sa naissance. Son père dit qu'elle lui ressemble beaucoup.

- C'est pour ça que je veux être médecin, me dit-elle après un long silence, pour que les enfants ne perdent pas leur mère à la naissance... Et toi, tu sais ce que tu veux faire plus tard?

- Je veux être journaliste.

- C'est un métier dangereux!

- Tout dépend comment on le pratique.

- Tu sais ce qu'on fait aux journalistes en ce moment en Algérie?

- Oui, on les *assassine*!

- Un de mes oncles était journaliste. Il a été tué dans la rue comme un chien. Il est sorti de son journal pour aller acheter des cigarettes. Ils le surveillaient depuis des mois: douze balles dans le corps, ils n'ont eu aucune *pitié*.

- C'est qui, «ils»?

- Personne ne sait exactement. C'est la branche armée du *FIS*.

- Et toi aussi tu étais surveillée?

- Mon père, oui. Et pas seulement par le FIS, mais aussi par le gouvernement en place... C'est d'ailleurs à cause de ça qu'on a fui l'Algérie.

- Qu'est-ce qu'il a fait?

- Il a écrit un livre... Un livre sur le droit. Le droit à la liberté, le droit de choisir: en fait, tout ce qui est interdit là-bas.

- Et qu'est-ce qu'il fait en France?

---

assassiner, tuer
pitié, compassion
le FIS, Front islamique du salut. Parti religieux très puissant en Algérie

- Il est *menuisier.* En Algérie, il était avocat, mais en France il ne peut pas faire son métier.

- Et tu as des frères et des sœurs?

- Un frère... Raled, qui est plus âgé que moi... Mais on ne s'entend pas très bien... Et toi?

- Moi, je suis tout seul, dis-je, en pensant: comme d'habitude.

3 Aimez-vous les uns les autres

Ouzara demande au prof de français si c'est vrai qu'il est au Front national. Le professeur Lamarine le regarde avec des yeux ronds - il *suffoque.* Puis il dit à Ouzara de *ranger* ses affaires et de se rendre chez le proviseur immédiatement.

Ouzara se défend en disant que ce n'était qu'une simple question. Tout le monde dans la classe se la pose: Il n'a fait que dire tout haut ce que tout le monde se demande tout bas.

Lamarine change de ton et lui ordonne de sortir immédiatement. Ouzara se tait et prend son temps pour ranger ses affaires. Lamarine *s'impatiente.* Tout le monde regarde le prof avec un air mécontent.

Une *rumeur* s'élève. Lamarine exige le silence. Sa réac-

---

un menuisier, une personne qui travaille le bois
suffoquer, avoir le souffle coupé
ranger, disposer en bon ordre
s'impatienter, perdre patience
une rumeur, une nouvelle qui court vite

tion est pour nous une réponse: il est bien du Front national.

Ouzara sort, laissant la porte ouverte.

- La porte! lance le prof.

Ouzara ne réapparaît pas.

- Azis, pouvez-vous refermer la porte, s'il vous plaît? demande Lamarine.

- *J'peux pas, M'sieur,* je me suis fait mal au pied ce matin! répond Azis le Tunisien.

- Et alors, ça ne vous empêche pas de tendre la main!

- Si, M'sieur, je souffre la mort.

- Pourtant, je vous ai vu courir juste avant d'entrer en cours.

- *J'me* suis fait ça juste quand j'rentrais M'sieur!

- C'est ça! Rangez vos affaires et allez retrouver Ouzara chez le proviseur.

Azis se lève et sort de la classe en souriant.

- C'est pas juste, dit Raïpha.

Le prof se tourne vers elle.

- Vous voulez sans doute faire comme vos amis, mademoiselle Kachour?

Raïpha baisse les yeux et *ronchonne*: «C'est pas juste.»

Le Prof se lève et va fermer lui-même la porte.

- Bon, l'incident est *clos*. Reprenons!

Azis a pris quatre heures de *colle*, et Ouzara six heures

---

j'peux pas, M'sieur (pop.), je ne peux pas, Monsieur
j'me (pop.), je me
ronchonner, manifester sa mauvaise humeur en parlant entre ses dents
clos, terminé
une colle, une punition ou l'élève est obligé de rester à l'école après les cours

et un *blâme.* Il dit qu'*il s'en fout.* Il va se *venger.*

Le lendemain, Lamarine part aux toilettes en plein cours.

Ouzara en profite pour *fouiller* dans son sac. Azis, lui, surveille le couloir. Ouzara trouve une lettre qu'il met dans sa poche et retourne à sa place. Quand Lamarine revient, il ne s'aperçoit de rien.

---

un blâme, un reproche écrit (au troisième on passe en conseil de discipline)
il s'en fout (pop.), cela lui est égal
se venger, faire justice soi-même
fouiller, chercher avec soin

A la récréation de dix heures, nous sommes une bonne dizaine à écouter Ouzara lire la lettre.

C'est la réponse d'une *agence matrimoniale*. Elle dit à M. Robert Lamarine que malheureusement ils n'ont pas la personne qui lui correspond.

- Lamarine se fait des filles *par correspondance*, lance Azis.

- J'ai une idée, dit Ouzara.

- Laquelle? demande Aïcha.

- Eh ben... On efface le contenu de la lettre, on garde le logo de l'agence et on fait une photocopie... Puis là-dessus, on lui écrit qu'on a trouvé la personne qu'il cherchait!

- Qui c'est? demande Azis.

- T'en as des questions, toi! lance Ouzara.

- *Ouais*, c'est vrai ça, qui c'est? reprend tout le monde en *choeur*.

- Ça pourrait être la tante de Momo! lance Raïpha. Depuis qu'elle est *veuve*, elle fait appel à des agences matrimoniales. Pas vrai Momo?

- Ouais, c'est vrai, répond Mamadou, surnommé Momo - un grand black de 1,80 m - et elle n'a pas encore trouvé l'homme de sa vie.

- Mais la tante de Momo est noire! dit Azis.

- Mais c'est ça le *truc*, imbécile! s'exclame Ouzara.

Le lycée se vide... C'est l'heure d'aller déjeuner.

---

une agence matrimoniale, une agence qui fait se rencontrer des gens qui cherchent une femme / un mari
par correspondance, par lettre
ouais (fam.), oui
en choeur, tous ensemble
une veuve, une femme dont le mari est mort
un truc (fam.), une chose

Je retrouve Aïcha dans la cour, qui fume *maladroitement* une cigarette; on voit bien qu'elle n'a pas l'habitude.

- Il faut faire quelque chose, me lance-t-elle, quand j'arrive à sa hauteur. Ce sont les jeunes qui doivent faire avancer les choses, qui doivent éduquer les adultes, montrer l'exemple! A part la guerre et la violence, les gens n'ont rien su trouver d'autre.

- D'accord, mais qu'est-ce qu'on peut faire?

- S'exprimer!

- Ecrire?

- Non, viens, j'ai une idée.

Aïcha me prend par le bras et m'emmène rapidement vers le hall d'entrée du lycée. Elle s'arrête et me montre le buste de Marianne.

- Oui, et alors?

- Regarde-moi bien et surveille!

Elle avance jusqu'au buste et me regarde. Je tourne la tête vers *la loge* du *concierge*: personne. Je lui fais signe que tout va bien. Elle sort de son sac un *tube de peinture* à l'eau et un *pinceau*. Elle le mouille avec sa langue, le plonge dans le tube et commence à recouvrir de peinture noire le visage de notre symbole républicain.

J'ai peur pour elle! Je me dis qu'elle est folle. Qu'est-ce qu'elle veut prouver? Qu'elle est prête à tout pour défendre ses idées? Et si elle se faisait prendre? Peut-être qu'au fond, elle est plus courageuse que moi... Et c'est ça qui me *vexe!*

---

maladroitement, ici: avec peu d'assurance
la loge, pièce située près de la porte d'entrée, habitée par le concierge
le concierge, le gardien, la personne qui garde une maison, un immeuble
un tube de peinture, un pinceau, voir illustration page 18
vexer, offenser

un
pinceau
le buste de
Marianne
un tube de
peinture

Aïcha a terminé et me rejoint. Nous *contemplons* son œuvre: *Marianne* en femme noire...

- Dans un pays qui compte plus d'un million d'habitants de couleur, la Marianne en femme noire, c'est un *sacré* symbole! me lance Aïcha.

Le plus étrange, c'est que les élèves de couleur qui passent dans le hall ne remarquent même pas le changement. Personne ne fait attention.

- Oui et après? je lui dis ironiquement.

- A toi de trouver mieux, mon vieux! me répond-elle un peu irritée. Je t'ai ouvert la voie.

Ce matin, le visage de Marianne est toujours noir. Je regarde le concierge qui dort dans sa loge, puis Aïcha qui a *l'air déçu*. Son super symbole, comme elle disait, tout le monde *s'en moque*.

- Eh! Monsieur?!... Vous avez vu? je lance au concierge.

- Hein?!... Quoi?... Oh!!! Mais, ce n'est pas possible!!! Qui?...

Il sort précipitamment de sa loge, va chercher une *éponge* et un seau d'eau. Puis, malgré sa petite taille, il

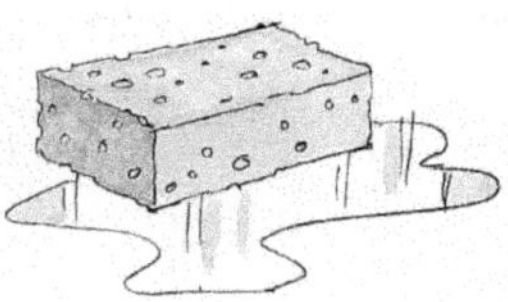

une éponge

---

contempler, regarder avec admiration
Marianne, nom familier donné au symbole de la république française
sacré, ici: super
avoir l'air déçu, ne pas paraître satisfait
s'en moquer, ici: être indifférent

tente de nettoyer en *sautillant* le visage de Marianne.

Un groupement amusé se forme rapidement autour de lui et à chaque *tentative* de sa part pour atteindre le visage, de gros éclats de rire l'accompagnent dans son effort.

Attiré par tant d'animation le proviseur sort de son bureau. Devant le ridicule de la situation, il arrache l'éponge des mains du concierge et en quelques coups nettoie le visage de Marianne.

Aïcha est rassurée: sa Marianne noire aura connu son *heure de gloire.*

4 Raled

Je suis avec Aïcha devant le cinéma L'Ecran.

Nous allons voir un film égyptien, interdit de diffusion dans beaucoup de pays arabes: *L'Emigré*, de *Youssef Chahine.*

Dans la *file* d'attente elle me demande si je connais le cinéma algérien. Je lui réponds que j'ai vu quelques

---

sautiller, faire des petits sauts
une tentative, un essai
heure de gloire, heure de succès
un émigré, un homme qui ne vit pas dans son pays natal
Youssef Chahine, réalisateur égyptien engagé politiquement pour la liberté
une file, une queue

films. Bab-el-Oued - un film qui traite de la *montée* de l'*intégrisme* en Algérie - est un de mes préférés.

Aïcha m'avoue qu'elle a menti à son père pour pouvoir sortir. Elle lui a dit qu'elle allait au cinéma avec Raïpha. Son père ne l'aurait jamais autorisée à sortir seule avec moi. Ce n'est pas l'usage dans sa culture, d'autant plus que je suis français.

Nous nous installons au premier rang. Aïcha est comme moi, elle aime être tout près de l'image.

Les *pubs défilent*, toutes aussi *nulles* les unes que les autres. Les publicitaires nous prennent vraiment pour des imbéciles.

Enfin le film commence... Le soleil, les paysages, les pyramides, l'intrigue, très vite nous sommes dedans.

De temps en temps je regarde Aïcha. Elle a les yeux grands ouverts et à chaque moment fort du film ses poings se serrent: elle ressent physiquement ce que vivent les personnages.

Alors que l'émotion est au plus fort, je pousse un cri! Tous les spectateurs se tournent vers moi surpris: les *ongles* d'Aïcha se sont plantés dans mon avant-bras.

Dans la rue, nous ne sommes pas d'accord sur la qualité du film.

- Trop artificiel! On y croit pas! critique Aïcha.

- Ah bon!... je réponds en me tenant l'avant-bras.

Un jeune Arabe de dix-huit ans passe devant nous et

---

une montée, une progression
l'intégrisme, refus de vouloir admettre d'autres règles
une pub (fam.), une publicité
défiler, passer d'une manière continue
nul, nulle, mauvaise
un ongle, voir illustration page 22

un ongle
L'ECRAN

s'arrête. Il me regarde droit dans les yeux puis regarde durement Aïcha. Sur le moment elle ne paraît pas gênée, mais je sens bien qu'il se passe quelque chose. Le jeune homme rejoint un groupe de gens. Parmi eux, il y a Ouzara qui rigole et Azis qui me montre du doigt. Les autres sont beaucoup plus âgés.

Je lui demande qui c'est. Elle me répond qu'il est temps pour elle de rentrer. Elle me serre la main et me quitte sans autre explication.

Lorsqu'elle disparaît au coin de la rue, je ne sais pas pourquoi, mais je me mets à la suivre.

Soudain, le jeune Arabe apparaît et lui *barre le chemin.*

- Je croyais que tu étais au cinéma avec Raïpha, dit-il avec autorité.

- Oui, j'étais au cinéma... Mais pas avec Raïpha.

- A quoi tu joues, tu cherches des *ennuis*?

- C'est plutôt toi qui cherche des ennuis!

- Ah bon?

- Ne fais pas l'innocent, j'ai vu les gens avec qui tu *traînes*!

- Qui? Ouzara et Azis?

- Non, les autres, les *barbus.*

- Ce ne sont pas tes histoires! Tu ne peux pas comprendre.

- Alors ne te mêle pas des miennes!

Aïcha le quitte. Le jeune homme lui *emboîte le pas* et continue à crier, mais cette fois en arabe.

*

---

barrer le chemin, fermer le passage
un ennui, une difficulté, un problème
traîner, vagabonder
un barbu, quelqu'un qui porte une barbe, ici: un membre du FIS.
emboîter le pas, marcher derrière quelqu'un

Le professeur d'histoire-géo nous raconte l'épisode de Verdun et les fameux taxis de la Marne qui transportaient les hommes de troupe et tout le *ravitaillement* entre Paris et le front. Il nous dit que si on n'a pas perdu la guerre, c'est un peu *grâce à* eux.

Aïcha écoute, mais je la sens absente. Peut-être que cette période n'évoque rien pour elle. Pourtant, durant la guerre 14/18, beaucoup d'hommes des anciennes colonies se sont battus à nos côtés et il y avait des Algériens.

J'essaye d'imaginer la tête de mon arrière-grand-père - *vaillant* soldat mort à la guerre - si on lui avait dit que son petit-fils découvrirait cette période de l'histoire dans la bouche d'un africain.

Dans la cour, Aïcha m'évite. Je suis sûr que ça a quelque chose à voir avec hier soir.

Je finis par la retrouver, cachée derrière un arbre, *le nez plongé dans un livre.*

- C'était ton petit ami, hier soir?

Elle me regarde surprise.

- Tu nous a vus?

- Je ne sais pas pourquoi, mais je t'ai suivie.

- Non, c'était mon frère... Raled.

- Raled!

Me voila *rassuré.*

- Et qu'est-ce qu'il avait après toi?

- Il ne veut pas que je te voie.

---

un ravitaillement, des vivres, des munitions
grâce à, avec l'aide de
vaillant, sans peur
le nez plongé dans un livre, être absorbé par la lecture
rassurer, tranquilliser

- Pourquoi?
- Tu es français.
- Et alors?
- Il dit que tous les problèmes qu'on a là-bas depuis quarante ans, c'est à cause de vous.
- Mais moi, *j'y suis pour rien*!
- Je sais.
- Je ne vais quand même pas demander la permission à ton frère pour te voir?!
- C'est comme ça chez nous, Pierre!
- Peut-être, mais pas ici.
- Qu'est-ce que tu veux que j'y fasse?
- Mais toi, tu es d'accord avec ça?! je lui demande.
- Non, bien sûr que non, ça me *révolte*!

5 Une idée folle

Le professeur de géographie nous parle de la pêche en Afrique du Nord.

Aïcha se tourne vers moi, et je sens chez elle une certaine émotion.

Elle n'est pas indifférente à ce que dit le professeur, surtout quand c'est positif.

A chaque fois elle me regarde comme pour dire: tu vois!

être pour rien, ne pas être responsable
révolter, ici: mettre en colère

C'est la première fois que je ressens aussi fort la différence entre nos pays et nos cultures.

Tous les élèves d'origine arabe écoutent en silence et avec beaucoup d'intérêt, même les éternels *dissipés*: ils retrouvent un peu de leurs *racines*.

A les regarder, je réalise combien la terre sur laquelle on grandit laisse des marques, un attachement dont on n'a pas toujours conscience.

En sortant de la classe, Aïcha me dit qu'il faut faire quelque chose qui rassemble les hommes sous une même idée, qui les amène à réfléchir, à prendre conscience des nouvelles réalités.

Je lui dis que *j'ai beau* chercher, je n'ai aucune idée.

Aujourd'hui, avec la montée de l'islamisme, le racisme connaît un renouveau en direction des arabes. Avec la télévision les gens ont l'impression que ça se passe devant leur porte. Les attentats, le problème des banlieues, les agressions, les *ratonades*, etc.

Le gens ont peur et ce sentiment prend des proportions alarmantes avec la crise économique. Ils deviennent chaque jour un peu plus *xénophobes*.

C'est en cours de chimie que l'idée me vient, comme ça, sans prévenir, comme une évidence.

- C'est quoi? me chuchote Aïcha.

- Peux-tu trouver des drapeaux algériens?

---

dissiper, ne pas être attentif
la racine, l'origine
avoir beau, s'efforcer
une ratonade, violence organisée contre les arabes
xénophobe, qui n'aime pas les étrangers

Aïcha est surprise par ma question.

- Euh..., dans le garage de mon père... C'est là qu'ils rangent tout le matériel pour leurs réunions.

- Peux-tu en prendre deux ou trois, les plus grands?

- Oui, je peux essayer... Mais qu'est-ce que tu vas faire?

- Fais-moi confiance, ça va te plaire.

Toute la journée Aïcha me regarde avec d'autres yeux. Elle a envie de savoir.

Quand le soir je la raccompagne jusqu'à l'arrêt de bus, Aïcha reste pensive.

Le bus arrive et ouvre ses portes. Aïcha monte et se retourne vers moi, les yeux remplis de joie.

- Je suis très fière de toi! dit-elle.

Ce matin, par contre, Aïcha *n'est pas dans son assiette.* Ses yeux sont *gonflés*, son regard fatigué, à croire qu'elle a pleuré toute la nuit.

Elle ne veut pas répondre à mes questions. Elle dit que ça ne me regarde pas.

C'est seulement en fin de matinée qu'elle se décide à me raconter. Hier soir, alors qu'elle était en train de préparer le repas, son père et son frère sont revenus du travail.

Son père s'est assis sans même lui dire bonjour et l'a regardée un moment en silence.

- J'ai appris que dimanche, au lieu d'être avec Raïpha, tu étais avec un jeune Français. C'est vrai?

- Oui, c'est vrai, répond Aïcha.

Son père réfléchit.

---

ne pas être dans son assiette, ne pas être en forme
gonflé, ici: grossi

- Je ne suis pas du tout content, dit-il, je ne veux pas que ma fille me mente.

- Mais, on ne fait rien de mal, dit Aïcha; c'est un ami, on est au même lycée, on s'entend bien, on...

- Alors, pourquoi mentir?

- Parce que je sais que tu ne me laisseras jamais aller au cinéma avec lui. Vous êtes en France, mais vous continuez à vous conduire comme si vous étiez en Algérie.

- Je suis en France parce que je n ai pas d'autre choix, lui dit son père. Je ne suis pas français pour autant.

Raled entre dans la cuisine. Aïcha le regarde avec *mépris*. Son père l'observe également et revient sur Aïcha.

- A partir de maintenant, tu sortiras toujours accompagnée de ton frère.

- Mais on ne fait rien de mal!

- Tu m'obéis.

- C'est parce qu'il est français que tu réagis comme ça?

- Français, arabe, chinois..., là n'est pas le problème. Une fille ne doit pas mentir à son père et elle ne sort pas avec des garçons qu'il ne connaît pas sans son autorisation.

- Pourquoi? Tu veux choisir pour moi!? Peut-être qu'un jour, tu vas aussi choisir un mari pour moi?!

- Je le pourrais, oui. Chez nous, c'est l'usage.

- C'est aussi l'usage de traiter les femmes comme *des moins que rien*, de choisir pour elles, d'en avoir plusieurs, de tout leur interdire...

- Maintenant, tu m'obéis et tu vas dans ta chambre!

Aïcha regarde son père durement, quitte la pièce et claque violemment la porte.

---

mépris , sans considération
des moins que rien, des gens sans importance

- Il n'y a plus qu'à l'école qu'on va pouvoir se voir, me dit Aïcha, les yeux remplis de tristesse et de colère.

Nous marchons côte à côte dans le grand hall du lycée. Elle trouve l'attitude de son père injuste et celle de son frère *lamentable*.

De temps en temps elle lève les yeux sur moi et se demande si je vaux bien tous ces *embêtements*.

Puis elle s'arrête, l'air paniqué.

- Et comment on va faire?

- Je ne le ferais pas, sans toi!... Mais tu peux laisser tomber si tu veux.

- C'est ça! Comme ça tu peux te *dégonfler*!

- Pourquoi, tu m'en crois pas capable?

- Si, et je suis impatiente de voir ça.

Aïcha me fait un *clin d'oeil* comme pour dire: «imbécile, je te *fais marcher*», et me tire par la manche.

C'est vrai que j'ai peur. Surtout que chez moi il y a un représentant de la loi: mon père. Commissaire principal. Je l'entends d'ici: «Mon fils, un *délinquant*! Un anarchiste!»

Les mots, encore, c'est rien. Mais la punition qui m'attend, celle-là, je n'ai pas envie de la connaître.

---

lamentable, triste, qui inspire la pitié
un embêtement, un problème
dégonfler, ici: (fam.) manquer de courage au moment de faire quelque chose
un clin d'oeil, fermer et ouvrir rapidement un seul oeil
faire marcher (fam.), ici: ne pas parler sérieusement
un délinquant, un criminel

6 *L'exploit*

C'est le grand jour!

J'ai convenu avec Aïcha de l'attendre au bas de chez elle à trois heures du matin.

A ma montre il est déjà quatre heures et toujours pas d'Aïcha. Arrivera... Arrivera pas?

Les rues sont désertes, seul le bruit de quelques rares voitures qui roulent au loin rappelle que la ville est habitée.

Si elle n'arrive pas, tout est *foutu.* Je n'ai même pas les drapeaux algériens.

Soudain, un visage sort de l'ombre. Aïcha est près de moi.

- Je croyais que t'allais plus venir! je lui dis.
- T'as eu peur?... Avant même de commencer! rit-elle.
- Et toi, tu as les drapeaux?
- Oui.
- Bon, alors on y va.

La nuit est noire et les chats miaulent. Nous rasons les murs jusqu'à *l'hôtel de ville.*

Sur la façade, juste au-dessus de l'*immense* porte d'entrée, un petit balcon où *flotte* à la gloire de la France un grand drapeau bleu-blanc-rouge. Demain c'est la fête nationale du 11 novembre qui célèbre la fin de la Première Guerre mondiale.

Aïcha ouvre son sac et me tend un drapeau algérien.

---

un exploit, une action remarquable
foutu (pop.), perdu
soudain, tout à coup
l'hotel de ville, la mairie
immense, très grand
flotter (d'un drapeau), bouger dans le vent

Je le fixe sur mon dos et je commence à *escalader* la façade. Le mur est haut jusqu'au balcon, *l'équivalent* de deux étages, et il y a peu de *prises.*

J'arrive tout de même à me *hisser* à la force des bras jusqu'au *balconnet* et je pose fièrement mon drapeau algérien à côté du drapeau français.

Aïcha me regarde avec un grand sourire.

Lorsque je commence à redescendre, une voiture de police arrive au coin de la rue. Aïcha la voit aussi et court se cacher.

La voiture stoppe juste devant l'hôtel de ville.

Je ne bouge pas *d'un pouce.* Si jamais ils me prennent, je vais directement dans le bureau de mon père.

Les deux policiers fument une cigarette à l'intérieur de la voiture en parlant tranquillement.

Ma position est de plus en plus inconfortable. Je suis debout sur une petite *corniche* et mes pieds commencent à glisser. Je ne vais pas résister longtemps.

Au loin, Aïcha entre dans une cabine téléphonique. Quelques instants plus tard, la voiture de police *démarre sur les chapeaux de roue* et disparaît au premier carrefour.

Aïcha pousse un long cri. J'ai les pieds dans le vide et les mains accrochées à la corniche, et je ne peux pas sauter: il y a au moins quatre mètres de hauteur...

Mais qu'est ce que je fais ici, *suspendu* dans le vide, au

---

escalader, monter
l'équivalent, la même chose
une prise, où on peut se tenir
hisser, monter avec effort
d'un pouce, d'un millimètre
démarrer, commencer à rouler
sur les chapeaux de roues (fam.), à toute vitesse
suspendre, ici: accrocher

un balconnet
une corniche

lieu d'être bien au chaud chez moi, dans mon lit, tranquille!

Je *lance* ma jambe vers la corniche: *raté*! Je mets mes dernières forces dans une nouvelle tentative... Le bout de mon pied se pose sur la corniche. Je n'ai plus qu'à *basculer* pour me retrouver à plat ventre... Un, deux, je pousse presque en criant... Ma deuxième jambe a rejoint la première... Maintenant, il faut que je me relève...

Aïcha me regarde en silence, comme au *cirque* quand on regarde l'acrobate faire son numéro et qu'on a peur qu'il tombe.

Je me tourne doucement sur le côté et le dos contre le mur je me *redresse* lentement. Maintenant je suis debout, je n'ai plus rien à craindre, je l'ai *échappée belle*.

- T'es un vrai *singe*! me dit Aïcha alors que je la rejoins.

un cirque

un singe

- Et t'as encore rien vu! Quand je pousse le cri du gorille, on m'appelle King Kong!

- Heureusement que le numéro de la police n'est pas difficile à retenir, je n'avais pas mon agenda sur moi.

---

lancer, ici: faire un geste dans une direction précise
rater, manquer
basculer: retourner
redresser, ici: se remettre debout
échapper belle, éviter de peu un danger

- Et qu'est-ce que tu leur as dit?

- Qu'à quelques rues de là, un homme marchait tout nu sous un grand manteau et l'ouvrait quand il rencontrait quelqu'un!

J'éclate de rire.

- Tu ne leur as pas donné mon nom au moins?

Aïcha plaisante mais au fond elle est morte de peur.

Nous reprenons notre chemin en riant et nous nous dirigeons vers les autres *édifices* pour y mettre nos drapeaux.

Aïcha pose le dernier drapeau algérien sur un monument aux morts.

Nous le regardons, flotter au vent à la mémoire de tous les *poilus* disparus, algériens et français.

A ma grande surprise, Aïcha me prend la main.

Je la regarde. Elle me sourit. Je suis certainement rouge comme une *pivoine*. Heureusement qu'il fait nuit, Aïcha ne peut pas voir ma *gêne*.

C'est seulement maintenant que j'ai peur...

Il est cinq heures du matin, quand nous arrivons devant l'immeuble d'Aïcha.

Elle me regarde et dans ses yeux je peux lire: déjà?!

Nos deux têtes se rapprochent timidement, nos deux visages vont se toucher, nos lèvres..., au dernier moment Aïcha tourne la tête, m'embrasse sur la joue et s'enfuit.

---

un édifice, un batiment
un poilu, surnom qu'on donne aux soldats français de la Première Guerre mondiale
une pivoine, une fleur très rouge
une gêne, un embarras

Je reste là quelques instants. Aïcha a disparu mais son souvenir *persiste.*

Quelque chose me dit que cette nuit passée avec elle va changer le *cours* de ma vie.

7 La révolte d'Aïcha

De son côté, Aïcha prend les escaliers de secours et arrive devant sa porte. Elle glisse la clé dans la *serrure* avec le moins de bruit possible, ouvre et ferme la porte avec la même attention, et marche tout doucement vers sa chambre.

En passant devant la cuisine, elle voit le bout *incandescent* d'une cigarette.

- D'où tu viens? demande son père.

Aïcha ne sait pas quoi dire. Il le faudrait pourtant. Mais aucun mot ne sort de sa bouche. Elle est comme paralysée. Est-ce qu'elle peut dire à son père qu'elle a passé la nuit à accrocher des drapeaux sur les édifices publics avec un jeune garçon?

Aïcha sent la colère de son père. Il allume la lumière.

- Ce n'est pas ce que tu crois! se défend Aïcha.

- D'où viens-tu?!!... répète son père.

- Je ne peux pas te le dire! Je ne peux...

Son père lui envoit une *gifle.*

---

persister, durer
le cours, ici: la direction
la serrure, l'endroit où on introduit la clé
incandescent, lumineux
une gifle, un coup donné sur la joue avec le plat de la main

Aïcha se tient la joue et recule, c'est la première fois que son père la bat, la première fois de sa vie qu'elle a peur de lui.

Son père regarde la main qui a frappé sa fille et s'asseoit. Il vient de faire ce qu'il déteste le plus au monde.

- A partir d'aujourd'hui, dit-il doucement, ton frère t'accompagnera partout où tu iras, même à l'école... A la maison, tu resteras enfermée dans ta chambre... Maintenant, va te coucher, je ne veux plus te voir.

Aïcha a envie de crier, de crier qu'il ferait mieux de s'occuper de son fils au lieu de s'acharner sur elle! Et puis non, c'est *inutile*.

Le lendemain, c'est dans tous les journaux! Et sur toutes les lèvres!

Il paraît que tout le monde s'est arrêté pour regarder les deux drapeaux flotter l'un à côté de l'autre.

La *fanfare défilait* comme si de rien n'était. Ne pas donner trop d'importance à cet *incident*. D'ailleurs personne n'a osé faire quoi que ce soit.

Les autorités parlent d'acte terroriste. Les médias d'acte symbolique.

Qui a fait le coup? Chacun a sa version. Les vieux discutent, les jeunes s'amusent.

Nous avons réussi à faire réagir les gens de notre ville. L'image de ces deux drapeaux qui flottaient au vent a

---

inutile, sans importance
une fanfare, un orchestre
défiler, aller à la file
un incident, difficulté accidentelle

été un bel exemple de l'entente des peuples, un grand symbole de paix.

Mon père a assisté au défilé. Il me raconte qu'après la cérémonie le maire a *hurlé* après tout le monde. Il veut les coupables.

Toutes ces bonnes nouvelles ne font pas éclater de joie Aïcha.

Quand je lui demande pourquoi, elle me répond qu'elle ne supporte pas d'être *privée* de liberté, c'est injuste et trop dur. Elle a décidé de s'échapper.

- Mais où veux-tu aller? je lui demande.

- Chez ma tante en Allemagne! Mon oncle est le cuisinier de l'ambassade d'Algérie.

A ces mots, je me *rends compte à quel point* je tiens à elle. Je m'en veux de ne pas être plus âgé, de ne pas gagner ma vie. Je pourrais alors prendre les choses en main, m'occuper d'elle, l'enlever à son père.

- Il y a bien un moyen, mais c'est risqué, lui dis-je.

Aïcha me regarde, *résignée.*

- Tu sais, après la liberté, il n'y a plus grand-chose à perdre.

---

hurler, crier
priver, enlever à quelqu'un ce qu'il a
se rendre compte, comprendre
à quel point, à quel degré
résigner, accepter la situation

8 La fuite

Aïcha, allongée sur son lit, ne dort pas.
A sa montre: deux heures du matin. Elle se lève et va *coller* son oreille à la porte de sa chambre: pas un bruit.

Elle met alors ses *baskets* et son manteau, prend tous les draps de l'armoire et les attache ensemble pour faire une longue corde - elle a vu ça de nombreuses fois dans des films et m'a dit que ça marchait tout le temps.

De mon côté, j'ouvre la fenêtre de ma chambre centimètre par centimètre pour ne pas réveiller mon père et ma mère qui dorment dans la pièce voisine et je saute dans le jardin.

Au fond de celui-ci, je me glisse entre la petite cabane et la palissade en bois. Là, je pousse une planche qui permet d'aller et venir de la rue au jardin. Un passage secret que moi seul connais.

Aïcha fixe le bout de sa corde au radiateur, ouvre la fenêtre et la laisse glisser à travers l'ouverture.

L'appartement est au troisième étage: dix mètres plus bas, c'est le béton. Aïcha jette son sac et descend le long de la corde. Sous le poids les *noeuds* bougent et commencent à glisser... Aïcha se dépêche, mais arrivée à l'extrémité de la corde, elle est encore à deux mètres au-dessus du sol. Elle se décide et saute, mais en tombant elle se *tord* le pied et se relève en grimaçant de douleur.

---

coller, ici: poser contre
baskets, chaussures de sport
tordre, ici: tourner violemment en forçant

un noeud

Au coin de la rue, il fait très froid. Le vent *bruit* dans les arbres. L'atmosphère a quelque chose d'*angoissant*.

Soudain, Aïcha est à côté de moi, les yeux pleins de larmes. *Décidément* je ne m'habituerai jamais à ces *subites apparitions*.

- Tu es malheureuse? je lui demande.

Son visage me sourit difficilement.

- Non, je me suis fait mal en tombant.

Dans la petite cabane du jardin, je prends une *échelle* et la place sous la trappe qui donne accès au deuxième étage, sorte de petit *grenier* où jamais personne ne va.

Là, j'ai tout préparé: une *échelle de corde*, un *matelas*, une lanterne, quelques livres, des biscuits et deux bouteilles d'eau.

Pour avancer sous le toit il faut marcher courbé. Ce n'est pas très confortable, mais la *cachette* est idéale.

Dans la journée mes parents travaillent, et Aïcha peut descendre dans la petite pièce du bas *grâce à* l' échelle de corde.

Aïcha pose son gros sac et s'assoit sur le lit. Je lui enlève sa chaussure et sa chaussette: sa cheville est gonflée. Elle me fais signe de faire attention. J'enlève mes vêtements et je déchire mon tee-shirt en plusieurs mor-

---

bruire, faire du bruit
angoissant, qui fait peur
décidément, vraiment
une subite apparition, une arrivée qui surprend
un grenier, l'étage le plus élevé d'une maison
une cachette, un endroit où on se cache
grâce à, à l'aide de

un matelas
une échelle
ce corde
une échelle

ceaux. Je verse l'eau de la bouteille en plastique sur les morceaux de mon tee-shirt et *bande* le pied d'Aïcha.

- Je ramènerai des bandes et de la pommade demain! je lui chuchote.

Je lui souhaite bonne nuit et m'apprête à descendre.

- Pierre? me dit-elle doucement.

Je m'arrête, j'écoute.

- Je voulais te dire...

J'attends.

- ... Merci.

9 Tout le monde cherche Aïcha

Onze heures... Le soleil brille dans un ciel bleu sans nuage et les oiseaux chantent dans les arbres du jardin.

Aïcha ouvre les yeux et *sursaute* quand elle réalise qu'elle n'est pas chez elle.

Le grenier est *minuscule*, pas plus de quatre *mètres carrés* et un mètre cinquante de hauteur.

Aïcha retire la trappe, vérifie qu'il n'y a personne et laisse tomber l'échelle de corde.

Dans mon bureau elle découvre mes livres, les jouets de mon enfance et s'assoit à ma table de travail.

Tout à coup, du bruit derrière la porte de la cabane; Aïcha ne bouge pas.

La porte s'ouvre... Son cœur bat très fort...

---

bander, couvrir d'une bande
sursauter, réagir physiquement à une surprise
minuscule, très petit
un mètre carré, 1 m^2

un épagneul breton
poils
une truffe

Une *truffe* apparaît, puis des yeux et des oreilles, le tout entouré de *poils*. C'est mon chien Vendredi, un *épagneul breton*. Il s'approche d'Aïcha en *remuant* la queue et la *renifle* avant de la *lécher*.

*

Lorsque je sors du lycée, la nuit est déjà tombée et les gens sortent en masse du travail.

Dans la foule, je crois reconnaître un visage.

Je me retourne plusieurs fois sans remarquer personne, j'ai la mauvaise impression d'être suivi.

Tout à coup je me mets à courir, je prends à droite dans une *ruelle*, prends à gauche des escaliers et tombe dans une *impasse*!

J'escalade alors une palissade et saute dans une petite rue.

Je me relève, j'attends... Ouf, pas de *poursuivant*!

Soudain une main m'*attrape* les cheveux, tandis qu'une autre me tord le bras derrière le dos et me pousse sous un escalier.

- Où est ma sœur? me demande Raled.

- C'est ce que j'allais te demander, je lui réponds.

- Ne fais pas l'innocent: où est ma sœur, je te dis!

- Tu me fais mal, Raled, arrête!

Raled me pousse contre le mur.

- Sale fils de flic! Tu vas répondre ou je te casse le bras!

La douleur est insupportable.

---

une truffe, poils, un épagneul breton, voir illustration page 45
remuer, faire bouger
renifler, sentir avec le nez
lécher, passer la langue sur quelque chose ou quelqu'un
une ruelle, une petite rue
une impasse, une petite rue sans sortie
un poursuivant, une personne qui te court après
attraper, prendre

- J'en sais rien! Je croyais qu'elle était malade.
- Menteur!... Allez, parle, où est ma sœur?
- Je t'ai dit que j'en sais rien!!!

Des bruits de pas... Raled panique et me lance violemment à terre. Lorsque je me relève, Raled a disparu.

A la maison, ma mère me demande ce qui s'est passé. Je lui réponds que je suis tombé en descendant les escaliers. Elle me dit que je suis distrait et qu'un jour une voiture me renversera si je ne fais pas plus attention.

Dans la salle de bain, elle pose un coton plein d'alcool sur mon visage, je grimace sous la brûlure.

A ce moment mon père nous rejoint. Il jette un regard sur mon visage, tandis que ma mère lui raconte ce qui m'est arrivé. Tout en écoutant, il me regarde sans rien dire et sort de la pièce. Je *crains* le pire!

Quand je passe devant son bureau, il m'appelle. Je respire profondément et j'entre dans la pièce.

- Tu as une petite amie qui s'appelle Aïcha, non?
- Oui, comment tu sais ça?
- Tu sais qu'elle a disparu?
- Disparu! Je croyais qu'elle était simplement malade.

Mon père m'observe pour découvrir si je dis la vérité: une mauvaise habitude de policier.

- Ce matin, son père a lancé un avis de recherche au commissariat et il a cité ton nom. Je m'occupe personnellement de cette affaire et il m'a dit que tu es certainement le seul à savoir.
- Eh bien, j'en ai aucune idée.

Mon père me regarde au fond des yeux.

- Tu sais comme j'ai horreur du mensonge!

---

craindre, avoir peur de

J'essaye de ne pas baisser les yeux.

- Et qu'est-ce que tu fais avec cette fille?

- Rien, c'est ma meilleure amie.

- Tu ne fais pas de bêtises au moins?

- Mais pourquoi toutes ces questions? Je suis *suspecté* de quelque chose?

- Tu sais qu'elle est arabe?

- J'ai pas encore besoin de lunettes pour le voir.

Mon père s'étonne de la violence de ma réponse.

- Tu n'a pas oublié que grand-père est mort à la guerre d'Algérie?

- Oui, et alors? Qu'est-ce qu'il faisait là-bas?

- Sais-tu que le frère d'Aïcha, Raled, a des rapports avec les *partisans* du FIS?

- Non... Mais Aïcha n'a rien à voir avec tout ça.

- Si tu veux un bon conseil, il ne faut plus *fréquenter* cette fille.

- Pourquoi?

- Ça va t'attirer des ennuis.

- Mais c'est mon amie!

- Et moi je te dis de ne plus la voir!

- Pourquoi? Tu as peur qu'on parle au commissariat? Le fils du commissaire principal sort avec une sale petite Arabe! Et ce n'est pas tout, le frère de la petite est au FIS! Vous voyez le *tableau*!... Oh non, pas toi, papa! Pas toi!

- Ça suffit!

Mon père m'ordonne d'aller dans ma chambre... Que je réfléchisse, et surtout que je fasse bien attention! Il ne

---

suspecter, soupçonner
un partisan, une personne qui se bat pour un idéal national ou politique
fréquenter, voir quelqu'un souvent
le tableau, ici: la situation

me le dira pas deux fois.

Je sors de son bureau. Ma mère, qui écoutait depuis la cuisine, essaye de me retenir au passage. Je l'évite et *file* dans ma chambre.

Par la fenêtre je regarde la petite cabane en bois et je me demande ce que fait Aïcha. Elle doit lire ou dormir.

Au même moment, mon père sort dans le jardin avec le chien pour prendre l'air. Vendredi court à toute vitesse vers la petite cabane, s'arrête devant la porte et se met à *aboyer*. Mon père rejoint le chien et lui demande: «Qu'est-ce qu'il y a, mon chien, hein? Qu'est-ce qu'il y a?» Vendredi aboie et *gratte* à la porte. Mon père pose la main sur la *poignée* et rentre à l'intérieur.

J'attends qu'il sorte avec Aïcha. J'imagine le pire. J'ai peur...

Pourtant mon père sort seul de la cabane et appelle le chien.

Quand il est enfin couché, je me lève sans faire de bruit et je passe par la fenêtre.

Aïcha n'est plus dans la cabane. Je comprends maintenant pourquoi mon père ne l'a pas trouvée et je décide de l'attendre.

Une heure passe, puis deux... Je m'endors sur mon bureau, quand soudain, une main me touche.

- Mais où tu étais? dis-je en découvrant Aïcha.

- Je suis retournée chez moi! Beaucoup de gens se

---

filer (fam.), courir
aboyer, un chien aboie
gratter, faire du bruit avec les ongles, ici: le chien gratte à la porte pour qu'on lui ouvre
une poignée: voir illustration page 50

une poignée

trouvaient dans l'appartement. Je crois que c'était une réunion. J'avais l'impression qu'ils parlaient de moi. La silhouette de mon père s'est arrêtée devant la fenêtre. J'ai cru qu'il regardait dans ma direction, j'ai eu peur et je me suis cachée derrière un *lampadaire*... Je suis restée là deux ou trois heures à regarder les fenêtres... Puis j'ai eu froid et ma cheville m'a fait mal, alors je suis rentrée.

Dans le petit grenier, je lui refais un bandage avec la pommade que j'utilise pour le football.

Aïcha me confie que je suis son seul ami, que le monde est injuste et que par moments elle n'a plus du tout envie de vivre.

Je lui dis qu'il ne faut surtout pas *se laisser aller* à des idées pareilles, sinon le monde est foutu.

10 La mauvaise nouvelle

Je suis très fatigué. C'est le prix de ma double vie. Je me lève tous les jours à 7 heures et je me couche de plus en plus tard.

Le soir, je fais mes devoirs dans la petite cabane. En fait je raconte à Aïcha tout ce qui se passe à l'école et je lui rapporte les *messages* des copines.

Puis la nuit, quand mes parents sont couchés, je retourne la voir.

Ce matin, je trouve ma mère seule dans la cuisine.

---

un lampadaire, une grosse lampe qui éclaire la rue
se laisser aller, s'abandonner, se livrer à une émotion
un message, une commission orale ou écrite

Depuis quelques jours mon père part tôt au travail.

Elle a préparé un bon petit déjeuner et m'accueille avec le sourire et un baiser sur le front.

Dans le bus qui m'emmène à l'école, je découvre le gros titre de la première page d'un journal. Il annonce qu'en France un *réseau* de la branche armée du FIS a été *démantelé* par la police de Saint-Denis. Ils ont trouvé des armes, des explosifs et des *tracts* dans un appartement. Il y a le nom de mon père... Il ne m'a pas tout dit.

Cette histoire me *préoccupe* toute la journée. Je n'arrive pas à me concentrer sur les cours. Je me sens très loin de la réalité scolaire.

Je ne sais plus très bien ce que je fais et pourquoi je le fais, ni pourquoi j'ai caché Aïcha. Moi aussi, j'ai menti, et tout ça pour une fille.

Mais en la défendant, je défends quelque chose. Peut-être suis-je en train de grandir? J'ai maintenant une opinion sur les choses, une *perception* de la réalité, et j'agis en *fonction* de ces opinions. N'est-ce pas ça, devenir adulte? En tout cas, je suis prêt à me battre pour ce que je crois vrai et juste. Je suis prêt à tout pour Aïcha.

En rentrant chez moi, mon père m'attend. Il a quelque chose d'important à me dire et me prend par les épaules.

- Le père d'Aïcha et son frère ont été arrêtés. On a trouvé des armes et des explosifs dans le mur de leur appartement.

---

un réseau, un ensemble de personnes qui sont en liaison les unes avec les autres pour une action secrète
démanteler, détruire
un tract, petit papier imprimé
préoccuper, donner des soucis à
une perception, une sensation, une idée
en fonction de, par rapport à

- Je sais! Je lui réponds.
- Comment ça, tu sais?
- Un *pressentiment.*

Mon père reste sans voix.

Je me rappelle le jour où je suis allé chez Aïcha. Son père était parti pour une réunion en province et Aïcha voulait me montrer où elle vivait. En rentrant dans l'appartement nous sommes tombés sur Raled en *bleu de travail.* Il nous a dit, avec une gentillesse inhabituelle, qu'il refaisait la peinture de sa chambre, mais il était curieusement couvert de *plâtre.* Ce détail m'a étonné et j'ai su tout de suite qu'il mentait. En temps ordinaire, il m'aurait jeté dehors. C'est sans doute ce jour-là qu'il a caché les armes.

- Ils ont été *déférés* au *parquet,* et vont certainement être *expulsés* de France, continue mon père, mais toujours aucune trace de la fille. Depuis trois semaines personne ne sait où elle est! Son père m'a *supplié* de tout faire pour la retrouver et il m'a demandé de te dire la même chose.

Une fois dans ma chambre, je me dis que la situation est grave et que je ne m'en suis pas rendu compte. Seule Aïcha a compté à mes yeux.

Pourtant elle ne peut pas continuer à vivre sous le toit d'une cabane de jardin, totalement isolée du monde. Il faut qu'elle parte.

---

un pressentiment, une intuition
un bleu de travail, un vêtement que portent les ouvriers pendant le travail
le plâtre, une poudre blanche qui mélangée à de l'eau donne une pâte qui durcit en séchant et qui se met sur les murs
déférer, ici: amener
le parquet, salle de justice
expulser, rejeter hors des frontières
supplier, prier

Mais dehors, qui s'occupera d'elle? Et ses études, qui les paiera? Non, il n'y a pas de solution.

Le plus difficile maintenant, c'est de lui apprendre la mauvaise nouvelle...

Mais comment lui dire?

Le repas du soir se passe dans une atmosphère lourde.

Mon père et ma mère ne parlent pas et me regardent manger le nez dans mon assiette. J'ai l'impression d'être au *banc des accusés.*

Ma soupe finie, je *prétexte* un mal de tête pour aller me coucher. Ce que je fais, tout habillé, après avoir mis mon réveil à une heure du matin.

Dans mon lit, je pense à Aïcha. Je me demande ce qu'elle a mangé. Sans doute des cornflakes avec du lait, des biscuits et des fruits secs. Peut-être même qu'elle n'a rien mangé.

Ensuite elle s'est couchée et à la lumière de la lanterne elle s'est mise à lire.

Aïcha passe son temps à lire. Elle ne va pas au lycée mais elle connaît mieux les leçons que moi. Les photocopies des cours que je lui fais à l'école n'ont aucun secret pour elle. En plus elle lit des *revues*, des journaux, des romans, tout ce que je lui donne. Elle dit que grâce à la lecture, elle peut penser à autre chose.

Elle tient aussi un journal qu'elle a appelé «Mutation». Tous les jours elle y note ses impressions.

Quand je pense à elle, je revois notre rencontre, les premiers regards, les premiers mots échangés... Je retrouve son visage, ses yeux, et sa main dans la mienne.

---

au banc des accusés, devant le juge
prétexter, donner une fausse excuse
une revue, un magazine

Je me dis que la vie est brutale. Hier le bonheur et *l'insouciance*, aujourd'hui le malheur et la *mauvaise conscience.* Je suis *effrayé.* Tout peut changer d'un moment à l'autre.

Le réveil sonne... Une heure du matin.

Dehors, le ciel est sans étoiles et le silence inhabituel. Je sors de mon lit, passe par la fenêtre et me dirige vers la cabane. Ma plus grande crainte c'est Vendredi: j'ai peur qu'il aboie. Il réveillerait toute la maison et mon père se lèverait.

Je trouve Aïcha endormie et la secoue doucement. Elle se réveille et me dit qu'elle était en train de faire un *cauchemar.*

- Une force irrésistible m'éloignait de toi... J'avais beau lutter, cette force me repoussait toujours plus loin, jusqu'à l'*oubli.*

Je reste *stupéfait*: ce rêve est *prémonitoire.* Me voyant dans ces pensées, elle me demande ce qu'il m'arrive.

- Une mauvaise nouvelle! je réponds.

Elle me regarde en silence, mais son regard me dit qu'elle a compris.

- Ton père et ton frère ont été arrêtés.

- Pourquoi?, s'écrie-t-elle.

Je lui raconte tout ce que mon père m'a dit. Elle ne comprend pas. Elle est sous le choc... Elle me pose sans

---

l'insouciance, ne pas avoir de soucis
avoir mauvaise conscience, avoir le sentiment d'être en faute
être effrayé, avoir très peur
un cauchemar, un mauvais rêve
l'oubli, disparaître de la mémoire
stupéfait, très étonné
prémonitoire, avertissement inexplicable d'un évènement à venir

cesse les mêmes questions et je lui donne toujours les mêmes réponses, mais elle ne m'entend pas.

Aïcha se laisse tomber dans mes bras et me serre très fort. Je porte une enfant blessée. Je ne suis *guère* plus âgé qu'elle, mais je ressens profondément sa douleur. Aïcha reste sans rien dire serrée contre moi, le regard dans le vide. Cela dure longtemps et elle finit par s'endormir dans cette position. Je la repose doucement sur le lit, la recouvre avec les vieilles *couvertures*, la regarde une dernière fois, souffle la bougie et retourne me coucher.

---

guère, à peine
une couverture, un plaid

11 La lettre d'Aïcha

Je me réveille en sursaut avec un mauvais pressentiment qui me *pousse* à m'habiller rapidement. Je saute dans le jardin et me *précipite* vers la petite cabane. Je pousse la porte, mon regard tombe sur une grosse enveloppe posée sur le bureau. Je le sais déjà: Aïcha est partie.

---

pousser, forcer
se précipiter, ici: courir très vite

Je prends l'enveloppe et me retourne pour sortir: mon père est devant moi. Il veut m'arrêter, me parler! Je m'échappe en courant, passe par la palissade et me retrouve dans la rue. Mon père m'appelle, me cherche, mais il ne connaît pas le passage secret.

Je vais chez Aïcha. Je marche vite, je cours presque. A chaque pas, des images, des souvenirs galopent dans ma mémoire.

Un sentiment étrange me serre la gorge, un sentiment encore inconnu: la peur du vide, la peur de perdre l'autre.

De loin, je vois la tour où habite Aïcha et je distingue les fenêtres de son appartement. L'une d'elles est éclairée. Il y a certainement quelqu'un et ça ne peut être qu'elle.

J'accélère, emporté par l'espoir. Il n'existe plus que cette fenêtre et Aïcha qui m'attend derrière. Je cours, je cours... Je ne vois pas arriver la voiture. J'ai les yeux *fixés* sur cette fenêtre... Aïcha, ne pars pas!... Attends-moi!... Et tout d'un coup: le noir...

Je me réveille... Le plafond et les murs ne sont pas ceux de ma chambre. Je suis dans un lit d'hôpital. Je tourne la tête et je découvre mon père de dos qui lit un journal. Il sent mon regard et se retourne.

- Ben, mon vieux, tu reviens de loin!... me lance-t-il en souriant.

- Aïcha? où est Aïcha? je lui demande.

Mon père m'apprend qu'elle est repartie avec son père et son frère en Algérie. Elle est venue me voir à l'hôpital

---

fixer, accrocher

avant son départ mais j'étais dans un profond coma.

- Il y avait ça dans tes poches, me dit mon père en me tendant la lettre d'Aïcha.

Je la prends comme un objet sacré.

- Pourquoi elle est partie? je demande.

- C'est Raled qui avait caché les armes... Son père n'y était pour rien. Mais le fils expulsé, le père a choisi de le suivre pour le défendre en Algérie... Qu'est-ce que tu voulais qu'elle fasse d'autre à part rentrer avec eux?

- Tu savais, pour Aïcha? je lui demande.

- Oui... Mais je voulais que tu décides tout seul. Je ne voulais pas que tu me reproches toute ta vie d'avoir décidé pour toi. Je te fais confiance, je t'aime tu sais, tu es mon fils...

En disant ces mots, mon père pose sa main sur la mienne. Je sens sous sa *carapace* de policier, un homme *ému*.

Quelques heures plus tard, c'est au tour de ma mère de me rendre visite.
Elle m'a apporté des livres et des gâteaux et me dit qu'elle a eu très peur.

Jamais je ne l'ai vue aussi pâle. J'ai même remarqué qu'elle avait quelques cheveux blancs.

En repensant à elle, je pose la main sur mon front, à l'endroit exact où elle a déposé son baiser avant de partir. Je me jure de ne plus jamais lui faire de mal.

Le soir, Ouzara, Azis, Raïpha et Momo *débarquent* dans ma chambre. Ils me demandent si je vais bien et disent

---

une carapace, un corps dur qui protège certains animaux
ému, touché
débarquer, arriver

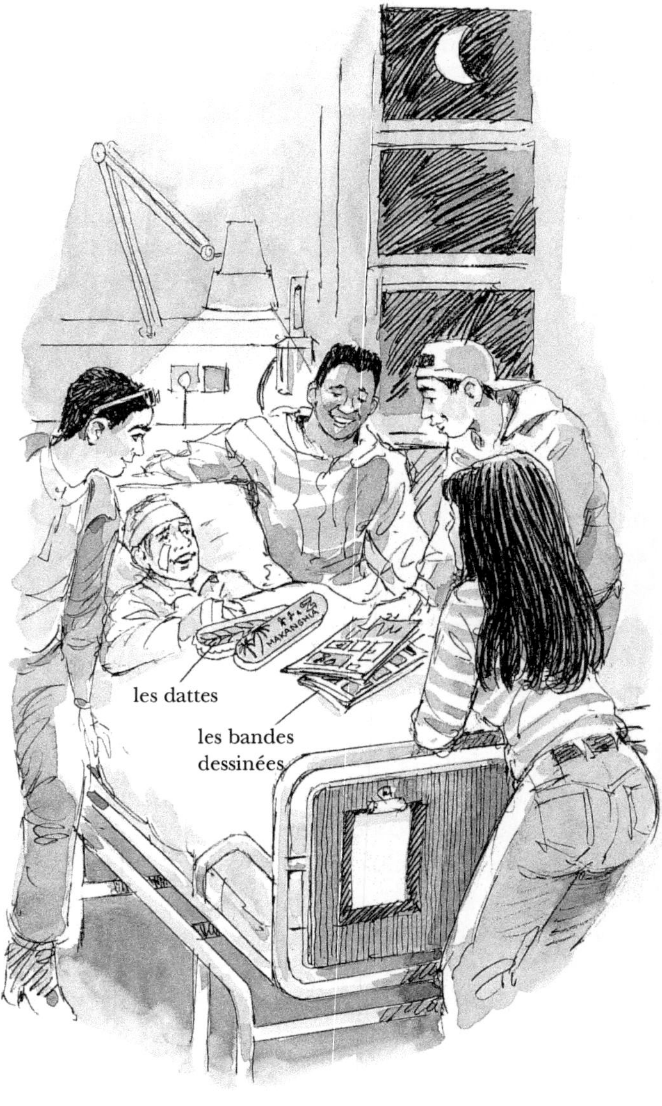
MAKANGHIA
les dattes
les bandes dessinées

qu'au lycée on ne parle plus que de mon histoire. Ils m'ont apporté des *bandes dessinées* et des *dattes.*

Je demande à Ouzara s'il a réussi à se venger.

- Comment! tu ne sais pas?

- Comment il pourrait le savoir? dit Azis. Il était dans les nuages!

- Vas-y, raconte-lui Momo, dit Raïpha.

- Ben, maintenant Lamarine, il est avec ma tante, dit Momo.

- Et il a l'air *vachement* amoureux, ajoute Azis.

- Quand il est allé au rendez-vous qu'on avait arrangé avec la tante à Momo, il a eu l'air super content de voir que c'était une noire, reprend Ouzara.

- On était cachés dans le fond du café et ça nous a plutôt surpris, dit Raïpha.

- Faut dire que sa tante, elle a des gros *nichons*! lance Azis.

- Maintenant il est super sympa avec nous, dit Raïpha.

- Eh, *mec*, tu reviens quand au lycée? me demande Ouzara, tu nous manques!

J'ai lu la longue lettre d'Aïcha et j'ai revécu toutes les étapes de notre histoire. Elle était là, avec moi, entre chaque ligne: ses yeux, son sourire, son parfum, sa voix...

Maintenant, je comprends mieux son *déchirement*, sa souffrance et pourquoi elle est partie, même si j'ai l'impression qu'elle est partie avec la moitié de mon cœur.

---

vachement (fam.), ici: très
un nichon (pop.), un sein de femme
un mec (pop.), un homme
un déchirement, ici: une souffrance

Aïcha s'était complèment *adaptée* à notre culture, mais la sienne, celle de ses origines, l'a rattrapée et *récupérée.*

J'espère maintenant qu'elle va retrouver une vie normale, qu'elle ne va pas se sentir à nouveau une étrangère dans son propre pays, parmi les siens.

Je souhaite surtout qu'elle réussisse à s'adapter - à accepter - pour éviter d'être encore une fois la victime du choc des cultures.

12 Le carnet oublié

Vingt ans plus tard...

Devant moi, des centaines de revues, des *chemises* en carton, sont *entassées* les unes sur les autres jusqu'à hauteur de deux mètres.

Je n'ai pas mis les pieds au grenier depuis des années et je dois retrouver un *dossier* pour écrire un article sur l'Algérie.

Je prends au hasard une chemise et souffle dessus pour chasser la poussière.

A cet instant la *pile* tremble et tombe sur sa voisine qui tombe à son tour et crée une véritable réaction en chaîne.

Au cœur d'un épais nuage de poussière, j'aperçois alors un petit carnet rouge.

Je le ramasse et l'ouvre avec curiosité.

---

s'adapter, s'habituer
récupérer, ici: reprendre
une chemise, feuille pliée dans laquelle on range des papiers
entasser, accumuler
un dossier, ensemble de documents qui concerne quelqu'un ou quelque chose
la pile, un entassement

Toutes les pages portent mon écriture: c'est un petit roman que j'ai écrit dans mon *adolescence.*

Avec le temps l'*encre* bleue s'est légèrement effacé mais les mots sont toujours là, présents, intacts: vivants.

Des souvenirs se mettent à *jaillir* dans ma mémoire. Un mot éclate dans mon esprit, plus exactement un prénom, que mes lèvres prononcent dans un léger tremblement: Aïcha.

Cette histoire a été un *tournant* dans ma vie. C'est elle qui a donné un sens à mon existence, qui fait qu'aujourd'hui je me bats pour la vérité, la liberté et la justice, que je suis journaliste.

Maintenant, je suis marié et j'ai trois enfants. Ma femme est une Française que j'ai rencontrée à l'université.

Mes parents habitent le sud de la France depuis qu'ils sont en *retraite* et j'ai de très bons rapports avec eux.

Je n'ai pas donné d'autre occasion à ma mère de s'inquiéter, pourtant tous ses cheveux sont devenus blancs.

Je n'ai jamais revu Aïcha. J'ai juste reçu une lettre, six mois après ma sortie de l'hôpital. Elle me disait que tout allait bien: mais pas un mot sur notre histoire, ni même une adresse où j'aurais pu lui écrire.

Le père d'Aïcha a fait quelques apparitions à la télévision algérienne, puis plus rien.

Raled, de son côté, a certainement rejoint un groupe armé du front islamique.

---

l'adolescence, la période entre 14 et 20 ans
l'encre, liquide coloré qui sert à écrire
jaillir, surgir
un tournant, un changement
la retraite, état d'une personne qui a cessé de travailler et qui reçoit une pension

Ouzara, Azis, Raïpha et Momo, quant à eux, je ne sais pas ce qu'ils sont devenus. L'année suivante, je changeais à nouveau de lycée.

En refermant le carnet je me demande si Aïcha est devenue médecin. Si elle s'*est soumise* à la condition des femmes arabes ou si elle s'est battue comme ces nombreuses Algériennes.

Enfin, j'espère qu'elle ne m'a pas oublié.

être soumise, obéir

QUESTIONS

Chapitre 1

- D'où vient Aïcha et que porte-t-elle sur la tête?
- Où Aïcha et Pierre se rencontrent-ils la première fois?
- Pourquoi Pierre se retrouve-t-il à Saint-Denis?

Chapitre 2

- Quel métier veulent- ils faire?
- Qu'est-il arrivé à la mère d'Aïcha?
- Pourquoi Aïcha a-t-elle fui l'Algérie?

Chapitre 3

- Pourquoi le professeur Lamarine dit-il à Ouzara de sortir?
- Que veut faire Ouzara avec la lettre du professeur?
- Que fait Aïcha avec la peinture noire, et pourquoi?

Chapitre 4

- Pourquoi Aïcha a-t-elle menti à son père?
- Qu'est-ce qui se passe au cinéma?
- De quoi a peur Pierre quand il demande qui est Raled?

Chapitre 5

- Que se passe-t-il d'inhabituel pendant le cours de géographie?
- Pourquoi selon Pierre les gens deviennent un peu plus xénophobes chaque jour?
- Pourquoi le père d'Aïcha ne veut-il pas qu'elle sorte avec Pierre?

Chapitre 6
- Que fait Pierre à l'hôtel de ville?
- Que dit Aïcha à la police?
- Que se passe-t-il entre Pierre et Aïcha cette nuit-là?

Chapitre 7
- Pourquoi le père gifle-t-il Aïcha?
- Comment réagissent les gens en découvrant les deux drapeaux?
- Que décide de faire Aïcha?

Chapitre 8
- Comment s'échappe Aïcha et que lui arrive-t-il?
- Où Pierre cache-t-il Aïcha?
- Décris ce qui se trouve dans le grenier.

Chapitre 9
- Pourquoi Pierre se met-il à courir dans la rue?
- Comment le père de Pierre est-il au courant de sa relation avec Aïcha?
- Où était partie Aïcha?

Chapitre 10
- Que découvre Pierre en allant à l'école?
- Que lui apprend son père?
- Comment Aïcha passe-t-elle son temps dans la cabane?
- Comment Aïcha réagit-elle à la mauvaise nouvelle?

Chapitre 11
- Où se réveille Pierre et que lui est-il arrivé?
- Ouzara a t-il réussi à se venger?
- Pourquoi Aïcha est-elle repartie avec ses parents?

Chapitre 12

- A quelle époque se passe l'action de ce chapitre?
- Qu'est-ce que Pierre trouve dans son grenier?
- Quel effet cette histoire a-t-elle eu dans sa vie?
- Que sont devenus les parents de Pierre?
- Qu'est-ce que Pierre souhaite à Aïcha?

Trouvez d'autre activités sur :
www.easyreaders.eu

TEEN READERS/EASY READERS DÉJÀ PARUS:

Anna Gavalda 35 kilo d´espoir (A)
Anna Gavalda Je voudrais que quelqu'un m'attende quelque part (B)
Anne-Laure Bondoux Le temps des miracles (3)
Annette Hallum/Marc-Oliver Louveau Choc de Cultures (4)
Brigitte Peskine Mon grand petit frère (1)
Charlotte Gingras Un été de Jade (2)
Christian Grenier Urgence (B)
Christiane Rochefort Les petit enfants du siècle (B)
Christiane Stéfanopoli Catastrophe au Camping des Roses (0)
Dominique Torrès Tu es libre! (B)
Évelyne Brisou-Pellen Un si terrible sécret (B)
Fred Paronuzzi Un cargo pour Berlin (B)
Georges Simenon Enigmes (B)
Georges Simenon Maigret et le clochard (B)
Georges Simenon Maigret et le fantôme (B)
Gudule La vie à reculons (B)
Hector Malot Sans famille (B)
Jean Cocteau Les enfants terribles (B)
Jérôme Talou Bruno et l´amour (3)
Jérôme Talou L'amour par Internet (2)
Jérôme Talou Parce que je t'aime (1)
Jules Supervielle Le voleur d'enfants (A)
Jules Verne Le tour du monde (B)
Laurent Jouvet Anne et l'ordinateur (2)
Laurent Jouvet Radio mystère (0)
Laurent Jouvet Repetition pour un crime (3)
Lenia Major La lettre mysterieuse (1)
Maurice Druon Tistou - les pouces verts (A)
Maurice Leblanc Arsène Lupin - gentleman-cambrioleur (B)
Michel Amelin Cent vingt minutes pour mourir (1)
Mikaël Ollivier Frères de sang (B)
Olivier Adam Je vais bien ne t'en fais pas (B)
Ollivier et Clarinard Eden (B)
Pascal Garnier Les enfants de la nuit (1)
Paul Thiès Un automne rouge sang (2)
Pierre Boulle La planète des singes (B)
Victor Hugo Notre-dame de Paris (B)
Yaël Hassan De l'autre côté du mur (B)

Trouvez tous les titres sur **easyreaders.eu**.